यौवन-हाला

(काव्यकृति)

अशोक बैरागी

Made with ❤ on the Notion Press Platform
www.notionpress.com

अपने पूर्वजों की यश कीर्ति के चरण में, पुष्पांजलि

- श्री समन सिंह 'समनेश' जो महाराजा अजीत सिंह तथा महाराजा जय सिंह के मुहासिब रहे। जिन्हें राज्य सम्मान में 'सिंह का लकब' दिया गया। जिन्होंने तत्कालीन युवराज विश्वनाथ सिंह जू देव के पठन -पाठन के लिए 'पिंगल-काव्य-विभूषण' की रचना की।

- श्री गोपाल दत्त 'गोपाल'जो महाराजा विश्वनाथ सिंह के दरबारी कवि के साथ साथ मीर-मुंशी रहे। जिन्होंने 'शृंगार-पचीसी' एवम् 'काव्य मंजरी' की रचना की।

- श्री बख्शी कामता प्रसादजो माजराजा रघुराज सिंह के राज-काल में मीर-मुंशी रहे। जिन्हें महाराजा द्वारा 'कलमदान' भेंट करते हुए 'बख्शी' की उपाधि प्रदान की गई।

- श्री बख्शी हनुमान प्रसादजो रीवा राज्य के नायब दीवान, सेटलमेंट अफ़सर रहे। जिन्होंने 'साहित्य-सरोज' लक्षण ग्रंथ की रचना की।

- श्री बख्शी महावीर प्रसादजो रीवा राज्य के सम्मानित दरबारी रहे। जिन्होंने 'मिर्चावली' खंड काव्य व फुटकल कवितों की रचना की।

- श्री बख्शी लक्ष्मण प्रसादपरम-पूज्य स्व0 पिता, जिनकी कृपा से इस वंश-बेल में... मैं हूँ।

क्रम-सूची

भूमिका

वो शायर... वो कवि... ही क्या जो कभी अपनी मनमर्ज़ी से अपने रास्ते से हट जाये(?) मन के मानी यानी मनमानी में ही विचारों के ख़याल आते गये और पंक्तियाँ जुड़ती गयीं... भाव-दर-भाव - ख़याल-दर-ख़याल इस हाला के मयकशी के चिंतन का स्वाद मैं ख़ुद ही चखता रहा... कभी तो कबीर की तरह "ज्यों की त्यों धर दीनी चदरिया" के भाव जगे तो कहीं मयकशों के बीच खड़े होकर अपने ही संदर्भों को खोकर अपने विचारों की हाला से मयकशी कर स्वयं को तर करता रहा हूँ। आज उसी तिश्नगी को जिस स्तिथि में है... जैसी भी है... आपकी बज़्म में ज्यों की त्यों पेश कर रहा हूँ...।

❧❧❧

"कभी न भरता मन का प्याला

वय के साथ छलकता जाता

छूटे भले मौत से प्याला

इक तेरी चाह लिए जाता...."

-- अशोक बैरागी

प्रस्तावना

बात अपनी... अपनों से

हुज़ूर! कुछ दरियावी ज़िंदगी की रवानी... कुछ किताब-ए-बयानी अक्सर मुझे सोचने व लिखने पर मजबूर करती रही है कि बिना हाला... जीवन में सबकुछ कहीं ठहरा-ठहरा सा है, उसे गति देने के लिए भीतर की आग ज़रूरी है - मन बार-बार भटकता रहा, कभी विचारों के दरियाब में वो बार-बार गोते लगाता रहा -- आख़िरकार सन् 1975 में कलम उठाई, यौवन के हाला की चुस्की भर कर लब के साथ भीतर की तिश्नगी को मैं तर कर ही बैठा।

❧❧❧

"कुछ बचा न कहने को हर बात हो गई
बस ख़्वाब यौवन के रहे.. मुलाक़ात हो गई"

1. यौवन-हाला

प्रारंभ...

||१||

नैन तेरे दो फूल कमल के
होंठों की मुस्कान गुलाबी
मुखड़ा तेरा ऐसा सुन्दर
शरमाए है अर्क अनुरागी।।

फैली तेरी ये लटें घनेरी
ज्यों सावन की रातें काली
मस्ती में जब तू ले अंगड़ाई
चमकी चपला कोई नभ वाली।।

||२||

उठती झुकती पलकें तेरी
हाय! थमें तो बात बने
हाला ज्वाला एक साथ है
मन मतवाला क्या बात करे।।

बादल अपना रस्ता खो बैठे
चंचल समीर सिहर सी जाती
छण दो छण पी ले मन प्यासा
काया जब मधुशाला बन जाती।।

।।३।।

चन्दन सी यह काया शीतल
फिर भी अंगूरी तासीर लिए
मन में सबके इक प्यास अनूठी
बुझी कभी न लाख पिए।।

नैनों के घट से ही भर दे
मन के प्याले में दो बूंदे
कैसे तुझसे आज कहूँ मैं
मन मादकता के रस में झूले।।

||४||

❧❧❧

व्यर्थ नहीं ये जग मतवाला
व्यर्थ तो है अंगूर की हाला
सच्ची हाला बस केवल तू है
पा जिसको मन हो मतवाला।।

❧❧❧

साक़ी की भी नहीं ज़रूरत
तू ही हाला तू ही साक़ी
बिना पिये मन तन को भूले
इक तू सच्ची झूठे बाक़ी।।

॥५॥

जाने किस भट्ठी पर तुझको
किसने तुझको ढाल लिया
कितने फल का अर्क मिलाकर
कैसे तुझको तासीर दिया।।

देख जग के प्याले में तुझको
ब्रम्हा भी है चकित मना
सोच रहा है आज वो ज्ञानी
मादकता की तासीर बना।।

।।६।।

अंगूरी की क्या बात करूं मैं
देखी जबसे अनुपम हाला
तन मन धन सब कुछ भूला
पीकर यौवन मद का प्याला।।

सच कहता तू नहीं है झूठी
सच केवल सच तेरी हाला
यौवन मदिरा चख ली जिसने
माँगे क्यों अंगूरी प्याला।।

।।७।।

मुल्ला पंडित सब हैं झूठे
तेरी मद मदिरा के आगे
नैनों से ही पीकर तुझको
रह जाते हैं वे हतभागे।।

पंडित भूले अपनी पोथी
मुल्ला अपनी आयत भूले
नैनों के घट से जब गिरती
छल छल करती रस की बूंदे।।

||८||

❧❧

तेरा कद है घट बन बैठा
मादकता का जिसमें अर्क भरा
यौवन की भट्ठी में रख तुझको
सुंदरता की ढाली हाला।।

❧❧

जब जब तेरा नशा चढ़ा है
तब तब एक इतिहास बना
तन प्याला ये रूप है मदिरा
मन मूरख फिर भी ढाल रहा।।

||९||

जाने कितने सम्राटों ने
तुझको पाने के खातिर
राजपाट सबकुछ खो बैठे
नैनों की हाला ऐसी शातिर।।

किस पर तेरा नशा नहीं है
नशा पर ही तू नशा बनी है
अंगूरी भी हारी तुझसे
ऐ देवी! तू महामही है।।

||१०||

मानव की क्या बात करूं मैं
देवों तक है तेरी गाथा
देवों को देकर अमृत
असुरों को देती झाँसा।।

इन्द्र विबुध विधि भी तो थे
तेरी मद मदिरा को तरसे
देख अनूठी मद की मदिरा
अहा! स्वयं स्वयं भू हरसे।।

||११||

बैरागी शंकर भी बेचैन हुए
सोचा देखूं तो ये हाला
हाय मर्यादा पाश में पाशित
हुए पंचमुखी बन हम प्याला।।

यौवन प्याले की मद मदिरा
कहते हैं नित सुरपति ढाले
विश्वामित्र भोगी बन बैठे
जब तेरी मधुशाला पा लें।।

।।१२।।

रावण भी था पंडित ज्ञानी
असली तेरा एक चहेता
धन वैभव वो कुल को भूला
मद मदिरा का बना प्रणेता।।

बिन होठों को त्रास दिए ही
मन पर तू ही तू छा जाती
नैनों से पीने वालों के
ख़्वाबों में है तू बस जाती।।

|| १३ ||

❧❧❧❧

कितनों के सिर तू चढ़ बैठी
तेरी यह यौवन की हाला
यती-जती सुध-बुध खो बैठे
पाकर मद मदिरा का प्याला।।

❧❧❧❧

कभी न भरता मन का प्याला
वय के साथ छलकता जाता
टूटे भले मौत से प्याला
इक चाह तेरी वो लेकर जाता।।

।।१४।।

दुनिया मुझको कहे दिवाना
मैं एक अकिंचन रहा शराबी
नहीं माँगता और मिले कुछ
पाकर नैनों का रंग गुलाबी।।

झूठी है यह रीत जगत की
झूठी है यह यम की हाला
सच्चा है बस एक जगत में
चख ली जिसने यौवन हाला।।

||१५||

सद्गति मुझको यहीं मिलेगी
कहता है यह मन मतवाला
सचमुच कितना था मैं मूरख
ढाली अब तक अंगूरी हाला।।

झूठे हैं ये दुनिया वाले
कहता है यदि कोई शराबी
चाहे जितना ढाले जा तू
पीने में है कौन ख़राबी।।

||१६||

चलते चलते कदम थके जब
मन की भी आशा सो जाए
ये दुनिया मुझको देगी पीड़ा
मन में संशय दोलन आए।।

तब तब तू सावन बनकर
आशा के बादल ले आती
यदि मन तेरा इन्द्रधनुष तो
नैनों से मद बाण चलाती।।

||१७||

संशय का फिर भ्रम है कैसा
जब मद मदिरा बरसात बनी
मन सतरंगी रंग में भूले
जब इन्द्रधनुषी सौगात मिली।।

कैसे कोई फिर पले निराशा
तेरी बासन्ती मनुहारों पर
पीने वाला नन्दन-वन, बन बैठे
यौवन हाला के हलकारों पर।।

||१८||

❧❧❧

कभी न देती किसी को धोखा
जिसको अपना स्वजन समझती
सुधियों पर भी राज करे यह
तुझको पाकर थके सरसुती।।

❧❧❧

बंशी का सुर कभी बने तू
कभी वीणा की झंकार बने
नन्दन-वन भी झुलस उठे
जब तासीर तेरी अंगार बने।।

||१९||

कोई तुझको कहे लक्ष्मी
कोई कहता तुझे उजाला
कोई तुझको चांद है कहता
कहता कोई अंगूरी प्याला।।

झूठे हैं सब यह कहने वाले
भले तेरे हों, कोई चहेता
मैंने ही बस जाना तुझको
रखूं नाम बन आज प्रणेता।।

।।२०।।

❧❧❧

लक्ष्मी तुझको कहूँ अकेला
तो ख़ुद ही मैं झूठा हूँ
तुझको कहूँ चांद अगर तो
तम पथ का राही अकेला हूँ।।

❧❧❧

किरणों से यदि नाता जोड़ूँ
तो उनमें ऐसा नशा कहाँ
अपना यौवन पथ वो भूले
मधुशाला का द्वार कहाँ।।

।।२१।।

यदि तुझको कहूँ अंगूरी
तो उसमें ऐसा नशा कहां
साक़ी बनकर संग लिए तू
यौवन हाला को जागीर बना।।

मदिरा का तू घर बन बैठी
नैनों में भर अंगूरी हाला
बुद्धि चकित हो जाती सारी
जब देखी यौवन की हाला।।

।।२२।।

कोई तुझको कुछ भी कह ले
मैं तो तुझको यही कहूँगा
यौवन भट्ठी में गई है ढाली
यौवन-हाला मैं नाम रखूंगा।।

नाम तेरे कितने हो जाएं
यौवन ही है ये तेरी माया
मादकता जब मन पर छाती
तब काया बनती मधुशाला।।

।।२३।।

❧❧❧

कोई मुझको बुरा कहे या
कोई मुझको कहे दीवाना
हाथों में है कलम आज ये
खुला पड़ा तेरा मयखाना।।

❧❧❧

सागर सी तुझमें लहर विलोडित
पर तू सागर नहीं है साक़ी
जब-जब तुझमें उतरा नाविक
डूबी नैया खोया साथी।।

||२४||

नैन तेरे दो गहवर झील से
मादकता की भरी है हाला
कभी न उभरा गोता खाकर
जब-जब उतरा कोई मतवाला।।

मीन बनाकर मुझको रख लें
अपने नैनों के सरवर में
तुझमें ही देखूंगा दुनिया
पीकर नैनों की हाला मैं।।

||२५||

भले न मुझको तृप्ति होवे
प्यासा फिरूं थकित बना मैं
कभी न तुझसे करूँ शिकायत
बसकर तेरे इन नैनों में।।

कभी न मुझको रास आएगा
झूठे हैं सब दुनिया वाले
सच्चा सुख तुझमें केवल
क्यों जाम अधूरा मेरे हवाले।।

||२६||

तेरे नशे को कफ़न समझ कर
खुद अपनी अर्थी ढक लूंगा
बिना अग्निदाह के यारों
सीधे स्वर्ग द्वार पहुँचूँगा।।

झूठी नहीं यह कल्पना मेरी
खुद ऐसा कहते पीने वाले
जाम अधूरा ही पीकर के
पहुँचे स्वर्ग सब चखने वाले।।

||२७||

पूरी की पूरी मधुशाला मेरी
कैसे फिर मैं रहूँ नरक में
झूठी लगी यह नरक यातना
जब पहुँचा मैं तेरे दर में।।

बस नैनों से ही भर लूंगा
अपने मन का ख़ाली प्याला
कभी न कहूँगा तुझसे साक़ी
भर दे भर दे तू ये हाला।।

||२८||

बंसी के सातों स्वर में
कहते हैं तू राज करे थी
जिसने नचाया ये जग सारा
उसके मन में अनुराग भरे थी।।

सीख नहीं मैं उलटी दूंगा
इतना मुझको गर्व रहा
ज्वालामुखी प्रचंड बनी यह
युग व्यापी यौवन हाला।।

||२९||

यमुना का तट उद्विग्न हुआ
वृंदावन भी था अधीर बना
यौवन हाला की ज्वाला जल
बंसी का स्वर भी फूट पड़ा।।

अधरों पर रख कर नटवर
छेड़ा उसने जब राग नया
व्योम धरा में व्यापी ऐसी
हर मन में तेरा राज रहा।।

||३०||

अंगो में अंगराग भरे तू
चपल नियति का अदम्य तोष
गिरा वही जो न समझा तुझको
इसमें है तेरा क्या दोष।।

हंसता है मन आज यहां
संग लिए सांसे दो-चार
यौवन हाला नित नूतन धन है
क्या होंगे अक्षर दो चार।।

।।३१।।

❦❦❦❦

तेरे दर की माटी ही ले लूं
मुट्ठी भर मैं आज जतन से
अपने माथे तिलक लगाकर
समझूंगा मैं भाग्य सुफल थे।।

❦❦❦❦

आंधी सी है बाढ़ तेरी यह
और वर्षा सा तेरा मनुहार
मन में अदम्य उत्साह भरे
जब बन जाए तू सच्चा प्यार।।

||३२||

उठती जब जब हूक हृदय में
यादों का घृत है पड़ जाता
आँखें मूँद सपनों के पथ से
मैं तेरी मधुशाला पा जाता।।

सिहरन सी भरती है काया
जी लूंगा बस छण भर ही मैं
कैसी लज्जा, तू आज पिला दे
रख दे तू प्याला होंठों में।।

||३३||

तृषा अधर में आग रक्त में
जीवन के सब आयाम थके
बहुत अधीर चंचल मन मेरा
ऐ, मौत ज़रा तू तो दम भर ले।।

जीवन इतना अल्प हुआ कि
ममता चाह की न हुई बिदाई
मानव हूँ मैं इच्छाओं का
भर दे भर दे तू प्याला भर दे।।

||३४||

❦❦❦

कभी न कहूँगा हटकर तुझसे
कि, मैं अबतक निर्दोष रहा
तू हाला है तो मैं जाम हूँ साक़ी
कैसे तुझसे मैं उन्मुक्त रहा।।

❦❦❦

चाहे कितना स्वच्छन्द बनूं मैं
चाहे निष्ठुरता का स्वांग भरूँ
आया होश पायी मधुशाला
कैसे क्रय विक्रय से दूर रहूँ।।

।।३५।।

❦❦❦

कोई कहता अनुभव ले मेरे
देख विपदाग्रस्त सी काया
लुट गयी शांति नीलाम हुआ मैं
पाकर यह देवों की माया।।

❦❦❦

मुझको चाहे मूरख कह ले
या कर ले तू मेरा उपहास
भूल चुका हूँ आज मैं सबको
टूटी यौवन हाला की आस।।

||३६||

हाय दुर्बलता यह मेरी है
बना विवश मैं सह लूंगा
समझा जिसे अरमान की चादर
आज उसे कफ़न कर लूंगा।।

होती ग्लानि आज है मुझको
जब हो गई अति पीते पीते
इतने व्यस्त हांथ हुए हैं
बहते अश्रु ये रहे पोंछते।।

||३७||

यौवन हाला की यह पीड़ा
विहस रही बन मृत्यु कराल
व्यंग कस रहीं अब सांसे मेरी
झुलस गया छोटा संसार।।

दावानल सी दहक गयी है
नि:संशय मेरे आंगन को
अब तक केवल भ्रम में था मैं
नयन न झांके निज नैनों को।।

||३८||

नहीं पुरानी है यह गाथा
दो चार दिवस ही तो बीते हैं
उर के अरमानों के ये घट
चंद छणों में क्यों रीते हैं।।

नहीं युधिष्ठिर अपने युग का
न हरिश्चन्द्र बन पाऊँगा
सच कहता हूँ दुनिया वालों
मैं अपनी लाश उठाऊँगा।।

||३९||

होगा उनका अनुभव सच्चा
नहीं कहता मैं वे झूठे हैं
भर नजर देख इधर तो
कितने चकोर रूप से रूठे हैं।।

अंगुलियों से ही माप रहे हैं
जो मधुशाला की ये मिट्टी
बन परवाना वे ताक रहे हैं
यौवन हाला की वो भट्ठी।।

||४०||

पूछ ज़रा तू इनके मन से
कैसे हैं ये आज शराबी
नियत नटी का खेल समझ
मसल रहे जो फूल गुलाबी।।

अर्क की चाहत में क्षुद्र बना जो
हाला से जिसने खेल किया
इतिहास गवाही इस मदिरा ने
कितने सम्राटों को रंक किया।।

|| ४१ ||

❧❧❧❧

हाला है यह देव लोक की
आई दर पर प्रसाद बनकर के
जितना चाहे पी ले मतवाला
बन के पुजारी नियत नटी के।।

❧❧❧❧

सदा सफलता के सेजों में
तेरा ये मनुहार करेगी
क्यों झपके पलकें तू अपनी
यह आलोक का जाम भरेगी।।

||४२||

विषपायी शंकर से लेकर
कलि मानव का जीवन है
उल्टी गंगा क्यों लगा बहाने
यह तो मन का इक दर्पण है।।

चूम इसे तू गले लगा ले
अपने हांथो की ये हाला
जीवन निहाल हो जाएगा
बनकर इसका हम प्याला।।

||४३||

❧❧❧

चंचल जीवन को घर समझ रहा
है तुझसा कोई अल्पज्ञ नहीं
भयभीत शशक सा भाग रहा क्यों
है जीवन के छण दो चार यहीं।।

❧❧❧

भविष्य किसी की नहीं है थाती
क्यों आगे बढ़कर इसको देखे
भर ले प्याला ये रंगीनी हाला
तू वर्तमान को अपना कर ले।।

।।४४।।

⚜ ⚜ ⚜

मरने से पहले निश्चिंत बना मैं
बस इतना कहता जाऊँगा
सच्चा सुख बस हाला तुझ में
वापस तेरे दर पर आऊँगा।।

⚜ ⚜ ⚜

ओ मृत्यु ठहर दो चार घड़ी
मैं हूँ तुझसे भयभीत नहीं
मिला मुझे जब मधु का प्याला
किस छलना की ले चला गली।।

||४५||

ले चल मुझको थाम ले उँगली
है तेरा पथ जाना पहचाना
ठहर ज़रा इक नजर दो देखूं
अपने मन का उजड़ा मयखाना।।

तुझको यदि विश्वास नहीं
ले बांध मेरे दृगों पर पट्टी
पर हा निर्मम गर्वमान तू
दे दे अपने दर की मिट्टी।।

||४६||

छवि आर्कषण रंगहीन सब
पंच तत्वों का यह सारा मेल
अभिलाषा सीमाहीन हुई है
लघुता गुरूता का कैसा खेल।।

गौरवान्वित तू रहे सर्वदा
जाते जाते मेरी अभिलाषा
कंठ है सूखा दो बूँद पिला दे
शिथिल पड़ रही मेरी भाषा।।

||४७||

जिसने भी तेरा निर्माण किया
उसको दूं क्या शाबासी मैं
रचकर तुझको चकित स्वयं वह
तेरी क्षमता को क्या दूं कीरति मैं।।

छोटी सी है कलम हांथ में
कितना भागे कागज पर यह
तुझमें जग है या तू ही जग है
चकित बुद्धि है देख जोग यह।।

।।४८।।

फिर भी अपने इस पतझर में
तेरे बसन्त के दो फूल चुनूंगा
भले तुझसे कोई कहे अलविदा
आख़री दम तक तेरी राह तकूंगा।।

उल्टा नाम जप जप कर के
यदि कोई कवि मैं बन जाता
अपने युग का वाल्मीक मैं
लिखता हाला की पूरी गाथा।।

||४९||

ऐ साक़ी! ऐ मादकेश्वरी!!
तू भी तो है मनु की जा
तू किस्मत जग की बन बैठी
मैं भटका इन राहों में आ।।

खाली पीली मैं ना जाम भरूँगा
आ कर अब मयखाने में साक़ी
पूरा का पूरा अधिकार करूँगा
मैं हूँ तृषा तू तृप्ति है साथी।।

||५०||

मनु को यदि श्रद्धा से जोड़ूं
ईश्वर को जोड़ूं शक्ति से
हांथ जुड़ैं मंदिर को पाकर
कर्म जुड़े है भाग्य लीक से।।

गलियां जुड़ती चैराहों से
भवन जुड़े हैं चौबारों में
तन का संबंध लिखा यदि मन से
तो, कदम थके सब मयखाने में।।

||५१||

नैनों से यदि नैन जुड़ें तो
द्वेष प्यार दोनों मिल जाएँ
लज्जा से यदि नैन झुकें तो
छण में मधुशाला मिल जाए।।

अपने जोड़ हांथ मैं दोनों
अंजुलि सी बनाकर साक़ी
हांथ जुड़े जब होठों से मिलकर
उतरी हाला गले से साक़ी।।

||५२||

नैन थके पलकों से मिलकर
दुनिया तब मदहोश है कहती
कदम थके मयखाने में आकर
अपनी गली भी याद न रहती।।

ऐ, देवलोक की सुरा सुरम्ये
कलि जीवन का तारतम्य तू
तर, तरवर कर दे प्याले को
बनकर मेरी मधुशाला तू।।

||५३||

कोई चितवन को गरल है कहता
मैं कहता पियूष बन हम प्याला
अधरों में ही बस बसी हुई है
है शीतल सी, पर कोई ज्वाला।।

मधु बोलों से अपने तू हा
मुझको और सराबोर कर दे
हंस कर बस दो बूँद पिला दे
मन शीतल ज्वाला से भर दे।।

||५४||

छनका जब पांव का नूपुर
नर्तन का सुख उमड़ पड़ा
सुरपति आकुल हुआ देखकर
मादकता से मद छलक पड़ा।।

नहीं जानता था मैं अब तक
मुझको इतना मिला खजाना
सचमुच कितना भाग्यवली हूँ
मिला मुझे जब तेरा मयखाना।।

||५५||

❧ ❧ ❧

चिन्ताओं से उन्मुक्त हुआ मैं
आकर क्षण भर तेरे द्वारे
सारा का सारा नभ है मेरा
कैसा सम्राट हूँ ऐ! ईश मेरे।।

❧ ❧ ❧

कौन गवां दे कल कल कहकर
सुन तो कुछ मेरे मन की भी तू
छल-छल करती आज पिला दे
क्ल-कल करती हाला यह तू।।

अशोक बैरागी

||५६||

जाम अधूरा भरकर अब
और नहीं कुछ कह पाऊँगा
मन प्यासा ये प्यास है प्यासी
चार दिवस क्या कह पाऊँगा।।

पहला दिन तो रोकर बीता
जब पैरों को भू का स्पर्श मिला
बांध यहां अपनी मुट्ठी दोनों
ले आया ख़ुशी की दो घड़ी यहाँ।।

||५७||

धीरे धीरे जब पलक खुली तो
दूजा दिन कुछ यूँ ही बीता
मन पर कल्पित नशा कुछ छाया
यौवन हाला है जग से सीखा।।

तीन दिवस फिर कुछ न पूछो
मैं था मय में, मय थी मुझमें
बूँद बूँद कर रिस रिस कर वो
भर चली अरमां के घट में।।

||५८||

इच्छा आशा उत्साह सभी कुछ
अल्प हुई सब जीर्ण शीर्ण सी
फिर भी शेष इक चाह रह गई
चौथा दिवस, बस उठी टीस सी।।

है जग में रहना चिरकाल नहीं
कल का दिन फिर क्या होगा
हम हैं खिलौना नियत नटी के
होना है जो अब सो ही होगा।।

|| ५९ ||

क्यों चिंता करें हम कल की
आओ, ऐ! रम्य सुरा प्रसादे आओ
है जग झूठा चिर उपहासित
मैं नित नूतन पास आ जाओ।।

                तन चोला है इसे बदल दूं
                मन तो तेरा है ही साक़ी
                एक जन्म की बात नहीं ये
                जनम जनम से, मैं तेरा साथी।।

||६०||

अब जाते जाते अपने कफ़न पर
इक ऐसी नसीहत लिख जाऊँगा
दुनिया अब तक जो रही दिवानी
उसे नई सीख मैं दे जाऊँगा।।

गंगा के तट पर भी जाने की
कोई अभिलाषा शेष नहीं अब
थीं बाहें तेरी खुद गंगा यमुना
डूबा यारों इनमें मैं जब- जब।।

||६१||

तेरी मुस्कानों में, सच कहता हूँ
दुनिया की सारी ख़ुशी बसी
है परिवर्तन यदि लक्ष्य प्रकृति का
तो सबसे पहले तू प्रकृति बनी।।

ये शब्द नहीं हैं अतिशयोक्ति के
नहीं प्रवंचना का जाल है कोई
खुद देखो तुम बनकर हम प्याला
चाहे रोके टोके तुमको लाख कोई।।

||६२||

दांव बनाकर तुझको बद दूं
नहीं युधीष्ठिर समझ तू साक़ी
दुर्योधन बनकर शक्ति दिखाऊँ
इच्छाओं का नहीं दास मैं साक़ी ।।

दु:शासन की नहीं हवस मैं
भरी सभा में करूं तमाशा
जीवन का मैं पथ खो बैठूं
बोलूं तुझे अमर्यादित भाषा।।

||६३||

कैसे भूलूं ये दुनिया इक बाग़ी
जग की अपनी मर्यादाएं ठहरी
तू ही सृजक है इस धरती में
जनन शक्ति तक अनुपम गहरी।।

माना मैं नहीं राम हूँ कोई
प्रेम विह्वल हो अश्रु बहाऊँ
वन वन भटकूँ तुझे पुकारूँ
देव लोक का प्राणी बन जाऊँ।।

||६४||

माना तू सीता सावित्री
अनुसुइया और अहिल्या तू
राधा है तू वृंदावन की
माना गहन तपस्या तू।।

राग रागनी तू जीवन की
सातों सुर में है वास तेरा
जग मूरख यह समझ न पाया
नव रस सा उल्लास तेरा।।

||६५||

इन्द्राणी आद्या परमाद्या तू
शक्ति का संचार तू ही
ज्ञान ध्यान है वैभव तुझसे
ऐ! देवी तू तो महा मही।।

राधा बनकर प्रेम सिखाती
मीरा पीरा प्रेम दिवानी
पाहन बनकर करे प्रतीक्षा
देवी अहिल्या जग जानी।।

||६६||

एक उर्मिला बनी प्रतीक्षा
सीता सी अनुगामिन हा
बनी द्रौपदी रार रचाया
द्वंद बसा यदि मन में हा।।

कितने रूप रंग हैं तेरे
कितनी तेरी गाथा चर्चित
कौन भला समझा है तुझको
गलियों से जो रहा अपरिचित।।

||६७||

हर दर्पण में चेहरा तेरा
हर चेहरे पर तेरा नशा है
जाने कैसी ये यौवन मदिरा
सबका मन बस तुझमे बसा है।।

शीतल भी है ज्वाला भी तू
सुधा क्षुधा का अनुपम मेल
भर नजर देखा है जबसे
समझ न पाया तेरा खेल।।

||६८||

प्रेम पिपासा मनुहार प्रतीक्षा
समझ न आई तेरी इच्छा
खड़ा द्वार पर नजर टिकाए
दे दे मुझको प्रेम की भिक्षा।।

युग युग से मैं तेरा पुजारी
तेरे बिना मैं रहा अधूरा
तेरी गलियों में रहा भटकता
तुझ बिन हुआ कब मैं पूरा।।

||६९||

हौले हौले जाम पीला तू
मेरे स्वप्न संवर जाएंगे
थोड़ी बहुत यह आंच बची है
जीवन पल कुछ मिल जाएंगे।।

तुमको क्या मालूम कि कोई
इतनी पीड़ा कैसे भोगे
अनगिन झोंके घटनाओं के
रोके भला... कोई कैसे रोके।।

||७०||

मैं तो हूँ दीवाना पागल
युग की पीड़ा पी आया
मनु श्रद्धा के भाव के नाते
जनम जनम मैं जी पाया।।

तू हीर पीर मैं नीर क्षीर सा
कब तुझसे भला मैं बिलग रहा
अपनी पीड़ाओं में रहा सुलगता
जब जब तुझसे अलग रहा।।

॥७१॥

है तुझमें जीवन और मरण भी
आशा दीपन भोग भरण भी
कैसी हाला जलन उठे है
बिना अगन के तपन बहुत ही।।

जल कर मरना भी क्या मरना
तन जल जाए मन पीड़ा भोगे
जीवन की दो सांस ज़रूरी
भले जले मरे कोई ना टोके।।

||७२||

राग रागनी नमन सुरम्ये
नमन तुझे जीवन हाला
सांस थकी अवरूद्ध कंठ है
विदा तुझे मन मणिमाला।।

सारे जतन बयन सब फीके
इतना तेरा मेरा साथ रहा
चेतन अवचेतन मन आराधन
कहने को अब क्या शेष रहा।।

||७३||

सारे तिथि त्यौहार तुझी से
तू ही कारण राग विद्वेष
काया में ही बहु माया पूरी
गह्वर आकर्षण का परिवेश।।

विदा विदा अब मुझे विदा दे
नमन तुझे सौ बार तुझे
जब भी तन मैं धरा में धारूँ
कर उपकृत हर बार मुझे।।

---✳✳---

9 798889 588544